NOTICE

DES LIVRES

DE LA BIBLIOTHÈQUE

DE FEU M. DROUET,

MAITRE EN LA COUR DES COMPTES,

Dont la vente se fera le lundi 20 février 1809
et jours suivans, à onze heures précises du
matin, en sa maison, rue Neuve-des-Ma-
thurins, Chaussée d'Antin, n°. 48.

Se distribue à Paris,

Chez MM. { DEBURE père et fils, Libraires de la
Bibliothèque Impériale, rue Serpente,
n°. 7.
SERREAU, Commissaire – Priseur, quai
d'Alençon, Isle Saint-Louis, n°. 11.

1809.

NOTICE

DES LIVRES

De la Bibliothèque de Feu M. Drouet,
Maître en la Cour des Comptes.

N°. Ier. 38 *vol. in-8.*

Œuvres complètes de J.-J. Rousseau. *Pa-*
ris, Poinçot, 1788, 38 vol. *in-8.* v. ec. ~ 160 #

N°. II. 70 *vol. in-8.*

OEuvres de Voltaire. *De l'Imprimerie de la*
Société littéraire typographique, 1785,
70 vol. *in-8.* bas. ~ 249

N°. III. 18 *vol. in-8. et in-12, dont :*

Grotius de jure belli ac pacis, cum notis va-
riorum. *Amstelodami*, 1720, *in-8.* v. b. ~ 5 ... 16

T. Petronii Arbitri satyricon, cum notis va-
riorum. *Amstelodami*, 1669, *in-8.* v. b. ~ *imparfait* 3 ~ 3

Histoire de l'anarchie de Pologne, par Cl. Rul-
hière. *Paris*, 1807, 4 vol. *in-8.* v. rac. ~ 25 ... 19

Histoire abrégée des empereurs romains et ~ 5 ... 12

grecs , par les Médailles , par Beauvais. *Paris* , 1767 , 3 vol. *in-12* , bas.

Joannis Baptistæ Santolii Opera. *Parisiis* , 1729 , 4 vol. *in-12*, v. b.

N°. IV. 17 *vol in-8. et in-12 , dont :*

Nouveau Code des prises. *Paris* , an 7, 4 vol. *in* 8. demi-rel.

Nouveau Traité des donations. *Paris*, 1804, 2 vol. *in-8*. demi-reliure.

OEuvres d'Antoine Hamilton. *Paris*, 1805, 3 vol. *in-8*. bas.

Simple histoire , trad. d'Inchbald. *Paris* , 1791 , *in-8*. bas.

Histoire de Malte , par Vertot. *Paris* , 1772, 7 vol. *in-12* , v. m.

N°. V. 17 *vol. in-12 ,dont :*

Ordonnances civile et du commerce, par Jousse. *Paris*, 1767 , 3 vol. *in-12*, bas.

Code civil et Conférences du même Code. *Paris*, an 9, 9 vol. *in-12* , demi-reliure.

Code civil des Français. Motifs. *Paris*, 1804, 8 tom. rel. en 5 vol. *in-12* , demi-rel.

N°. VI. 15 *vol. in-8. et in-12 , dont :*

Code Napoléon . *Paris, Imprimerie impér.* 1807 , *in-8*. demi-rel.

Code diplomatique. *Paris*, 1802, 2 vol. *in-8*. demi-rel.

Traité sur la police de Londres. *Paris,* 1807, 2 vol. *in-8*. v. r.

Commentaire sur l'Ordonnance de la marine.
Paris, 1803, 3 vol. *in*-12, demi-rel.

N°. VII. 30 *vol. in-fol. dont :*

Dictionnaire de Trévoux. *Paris*, 1771, 8 vol. v. m.

Dictionnaire géographique de la Martinière. *Paris*, 1768. 6 vol. v. m.

Dictionnaire historique de Moreri. *Paris*, 1759, 10 vol. v. m.

Demosthenis opera, gr. et lat. *Aureliæ Allobrogum*, 1607, v. m.

Dictionnaire de Bayle. *Amst.* 1740, 4 vol. v. m.

N°. VIII. 45 *vol. in*-4.

Encyclopédie ou Dictionnaire des Sciences et des Arts. *Genève*, 1778, 45 vol. br. en cart. fig.

N°. IX. 29 *vol. in*-4. *dont :*

Histoire des Voyages, par l'abbé Prévost. *Paris*, 1746, 20 vol. *in*-4. fig. v. m.

Pausanias, trad. par Gedoyn. *Paris*, 1731, 2 vol. *in*-4. fig. v. b.

Voyage à l'Equateur, par la Condamine. *Paris*, 1751, 2 tom. en 1 vol. *in*-4. fig. v. m.

Novitius, seu Dictionarium lat. gall. Auct.

Magniez. *Lut. Parisior.*, 1721, 2 vol. *in-4.*
v. m.

N°. X. 43 *vol. in-8. dont :*

Voyage en Égypte, par Volney. *Paris*, 1787, 2 vol. *in-8.* fig. v. éc.

Lettres sur l'Egypte , par Savary. *Paris*, 1786 , 3 vol. *in-8.* fig. bas.

Voyage littéraire de la Grèce , par Guys. *Paris*, 1776 , 2 vol. *in-8.* fig. v. éc.

Voyage d'Anacharsis, par l'abbé Barthelemy. *Paris*, l'an 7, 7 vol. *in-8.* et atlas, *in-4.* v. m.

Cours de littérature, par la Harpe. *Paris*, an 7 , 16 vol. *in-8.* v. éc.

OEuvres de la Harpe. *Paris*, 1778, 6 vol. *in-8.* v. éc.

La Lusiade du Camoens, trad. par la Harpe. *Paris*, 1776, 2 tom. en 1 vol. *in-8.* fig. v. éc.

N°. XI. 47 *vol. in-8. dont :*

Voyage aux sources du Nil , par Bruce. *Paris*, 1790, 10 vol. *in-8.* et 1 vol. d'atlas, veau éc.

OEuvres de Fontenelle. *Paris*, 1790 , 8 vol. *in-8.* bas.

Voyage de Pallas dans plusieurs provinces de l'empire de Russie. *Paris*, l'an 2, 8 vol. *in-8.* et atlas , bas.

OEuvres de Montesquieu. *Paris*, 1788, 5 vol. *in-8.* bas.

Dictionnaire militaire, par Gaigne. *Paris*, 1801, *in*-8. demi-rel.

OEuvres complètes de Mably. *Paris*, 1795, 15 vol. *in*-8. v. rac.

N°. XII. 47 *vol. in*-8. dont :

Théâtre des Grecs, par le P. Brumoy. *Paris*, 1785, 13 vol. *in*-8. v. rac.

Histoires diverses d'Elien, trad. (par M. Dacier). *Paris*, 1772, *in*-8. v. rac.

Traduction en vers des Métamorphoses d'Ovide, par F. de Saint-Ange. *Paris*, 1800, 2 vol. *in*-8. fig. bas.

L'Ane d'or d'Apulée, trad. en franç. *Paris*, 1787, 2 vol. *in*-8. v. rac.

OEuvres complètes de Claudien, trad. avec des notes. *Paris*, an 6, 2 vol. *in*-8. v. éc.

Idylles de Théocrite, trad. par Jul. L. Geoffroy. *Paris*, an 8, *in*-8. bas.

Les Odes pythiques de Pindare, trad. par Chabanon. *Paris*, 1772, *in* 8. bas.

OEuvres de Lucien, trad. en franc. *Paris*, 1789, 6 vol. *in*-8. v. m.

OEuvres de Démosthènes et d'Eschine, trad. par Auger. *Paris*, l'an 2, 6 vol. *in*-8. v. éc.

OEuvres d'Isocrate, trad. par Auger. *Paris*, 1781, 3 vol. *in*-8. bas.

L'Enfer, poëme du Dante (trad. par Moutonnet de Clairfonds). *Paris*, 1783, *in*-8. v. éc.

Elégies de Tibulle, trad. par Mirabeau. *Paris*, 1798, 3 vol. *in*-8. v. rac.

Elégies de Properce, trad. par Longchamps. *Paris*, 1772, *in*-8. v. rac.

Satires de Juvénal, trad. par J. Dusaulx. *Paris*, 1803, 2 vol. *in*-8. v. porph.

Traduction des Poésies de Catulle, par Fr. Noël. *Paris*, 1803, 2 vol. *in*-8. v. éc.

Fables de Mancini Nivernois. *Paris*, 1796, 2 tom. en 1 vol. *in*-8. bas.

Nº. XIII. 49 *vol. in*-8. *dont :*

Histoire d'Hérodote, trad. (par M. Larcher). *Paris*, 1802, 9 vol. *in*-8. v. rac.

L'Esprit de l'Histoire, par Ant. Ferrand. *Paris*, 1805, 4 vol. *in*-8. v. rac.

Histoire de Thucydide, trad. par Lévesque. *Paris*, 1795, 4 vol. *in*-8. v. rac.

Discours sur l'Histoire universelle, par Bossuet. *Paris*, 1802, *in*-8. v. rac.

Histoire des progrès et de la chute de la République romaine, par Adam Fergusson. *Paris*, 1791, 7 vol. *in*-8. bas.

Histoire de la Décadence de l'Empire Romain, trad. de Gibbon. *Paris*, 1795, 18 vol. *in*-8. bas.

Les Douze Césars de Suétone, trad. par la Harpe. *Paris*, 1805, 2 vol. *in*-8. v. éc.

La Cyropédie de Xénophon, trad. par Charpentier. *Paris*, 1775, 2 vol. *in*-12. bas.

L'Expédition de Cyrus, trad. de Xénophon, par M. Larcher. *Paris*, 1778, 2 vol. *in-12*, bas. _ 4 12

N°. XIV. 65 *vol. in-4. in-8. et in-12, dont:*

Histoire Ancienne , par Rollin. *Paris*, 1758, 14 vol. *in-12*, v. m. _ _ _ _ _ _ _ 30 2

— Romaine, par le même. *Paris*, 1758, 16 vol. *in-12*, v. f. _ _ _ _ _ _ _ 39 4

— des Empereurs romains, par Crevier. *Paris*, 1763, 12 vol. *in-12*. v. m. _ _ _ _ 21 .... 19.

Ephémérides politiques, etc. par Noël. *Paris*, 6 vol. *in-8*. demi-rel. _ _ _ _ _ 26 .... 2.

Antiquités gauloises, par Fauchet. *Genève*, 1611 , *in-4*. demi-rel. _ _ _ _ _ _ 3

OEuvres de Maître Alain Chartier. *Paris*, 1617, *in-4*. v. b. _ _ _ _ _ _ _ 6 10

Le Procès de Louis XVI. *Paris*, 1795, 9 tom. en 4 vol. *in-8*. demi-rel. _ _ _ _ _ 11 .... 19. _

Mémoires secrets , par Duclos. *Paris* , 1791 ; 2 vol. *in-8*. v. m. _ _ _ _ _ _ _ 6 .... 1.

Histoire philosophique, par Raynal. *Genève*, 1780, 10 vol. *in-8*. et atlas *in-4*. v. m. _ _ 51 .....

Théâtre des Petits Appartemens. 1748 , 4 vol. *in-8*. v. f. _ _ _ _ _ _ _ _ 6 ...

N°. XV. 76 *vol. in-12, dont :*

Le Compère Mathieu. *Londres*, 1777, 3 vol. *in-12* , bas. _ _ _ _ _ _ _ _ _ 4 ....

Baisers et Elégies de Jean Second, par P. F. Tissot. *Paris*, 1806, *in-12*, v. rac.

Voyage en Italie, par de la Lande. *Paris*, 1786, 9 vol. *in-12*, et atlas, bas.

Histoire litt. des Troubadours (par Millot). *Paris*, 1774, 3 vol. *in-12*, v. m.

— de Charles-Quint, trad. de G. Robertson, *Paris*, 1771, 6 vol. *in-12*, v. m.

— d'Ecosse, par le même. *Londres*, 1764, 3 vol. *in-12*, v. m.

— de l'Amérique, par le même. *Paris*, 1780, 4 vol. *in-12*, v. m.

— des Arabes, par l'abbé de Marigny. *Paris*, 1750, 4 vol. *in-12*, v. m.

Mémoires sur l'ancienne Chevalerie, par Sainte-Palaye. *Paris*, 1781, 3 vol. *in-12*, bas.

Histoire ecclésiastique, par Fleury. *Paris*, 1724, 36 vol. *in-12*, v. b.

N°. XVI. 29 *vol. in-8. dont :*

OEuvres de P. Corneille. *Paris*, 1797, 12 vol. *in-8.* fig. v. m.

Dictionnaire d'histoire naturelle, par Valmont de Bomare. *Lyon*, 1800, 15 vol. *in-8.* bas.

N°. XVII. 34 *vol. in-8. dont :*

Essai sur les Règnes de Claude et de Néron, (par Diderot). *Londres*, 1782, *in-8.* v. éc.

Boulanger. M. Labey, si c'est l'édition de Baftien, bon marché.

OEuvres philosophiques de Diderot. *Amst.*
1772 , 6 vol. *in*-8. v. éc. _ _ _ _ _ _ _ _ 10

— d'Helvétius. *Paris*, l'an 2, 5 vol. *in*-8. bas. _ _ 8

— de Boulanger. *Paris* , 1792 , 8 vol. *in*-8.
v. rac. _ _ _ _ _ _ _ _ _ _ _ _ 23 _ _ 19

— de Freret. *Paris* , 1792 , 4 vol. *in*-8. bas. _ _ 8

— philosophiques et politiques de T. Hobbes.
Neufchâtel, 1787, 2 vol. *in*-8. bas. _ _ _ _ 5

— de Machiavel. *Paris*, 1793 , 8 vol. *in*-8.
bas. _ _ _ _ _ _ _ _ _ _ _ 14 _ _ 19

N°. XVIII. 31 *vol. in*-8. *dont :*

La Philosophie de la Nature, (par Delille de
Sales). *Londres* , 1777 , 6 vol. *in*-8. v. éc. _ _ 9 _ _ 1.
Histoire du Ciel (par Pluche). *Paris*, 1778,
2 vol. *in*-12, fig. v. m. _ _ _ _ _ _ _ 3 _ _ 9
OEuvres de Condillac. *Paris*, 1798, 23 vol.
in-8. v. éc. _ _ _ _ _ _ _ _ _ 76

N°. XIX. 32 *vol. in*-8. *dont :*

OEuvres de Gessner. *Paris* , 2 vol. *in*-8. fig.
v. rac. _ _ _ _ _ _ _ _ _ _ _ 8 _ _ 2
— de d'Arnaud. *Paris*, 12 vol. *in*-8. fig. v. m. 35 _ _ 19
Contes de Boccace. *Londres*, 1779, 10 vol.
in-8. fig. v. rac. _ _ _ _ _ _ _ 30 _ _ 19
Fables de la Fontaine. *Bouillon*, 1776, 4 vol.
in-8. fig. v. m.
Contes, du même. 1778, 2 vol. *in*-8. fig. v. m. } 24 _ _ 1.
OEuvres de Chamfort. *Paris* , 1808, 2 *vol.*
in-8. v. rac. _ _ _ _ _ _ _ _ 12 _ _ 10.

N°. XX. 83 *vol. in-8. et in-12 , dont :*

54 .... Histoire du Bas-Empire , par MM. le Beau et H. P. Ameilhon. *Paris* , 1757, 26 volum. *in*-12 , v. m.

7 ..... 10? — des Révolutions romaines , de Portugal et de Suède , par Vertot. *Paris* , 1786 , 7 vol. *in*-12 , bas.

6 ..... 1 .. La vie de Mahomet, par Turpin. *Paris,* 1773, 3 vol. *in*-12 , v. m. = Histoire de l'Alcoran, par le même. *Paris ,* 1775 , 2 vol. *in*-12 , v. m.

15 .... 19 .. Cours de mathématiques , par Bezout. *Paris,* 1798 , 6 vol. *in*-8. bas.

3 ..... 2 .. Des usages de la sphère et des globes . par Delamarche. *Paris ,* an 7 , *in*-8. bas.

4 ..... 1. Abrégé d'astronomie , par la Lande. *Paris ,* 1795 , *in*-8. v. rac.

5 .... 6.. Lettres sur les Sciences et sur l'Atlantide, par Bailly. *Paris ,* 1777 , 2 vol. *in*-8. bas.

7 .... La Morale universelle. *Paris ,* l'an 4 , 3 vol. *in*-8. bas.

5 .... 19 .. La Navigation, poëme, par J. Esmenard. *Paris,* 1805 , *in* 8. bas.

20 .... OEuvres de Senèque, trad. par Lagrange. *Paris ,* an 3 , 6 vol. *in*-8. bas.

3 ..... 10 . Système de la Nature. *Londres,* 1780 , 2 vol. *in*-8. bas.

3 ...... Les Incas , par Marmontel. *Paris ,* 1777 , 2 vol. *in*-8. bas.

Politique de tous les cabinets de l'Europe, par L. P. Ségur. *Paris*, 1802, 3 vol. *in*-8. bas.

L'An deux mille quatre cent quarante (par Mercier). 1786, 3 vol. *in*-8. bas.

Essais sur la musique, par Gretry. *Paris*, an 5, 3 vol. *in*-8. bas.

Ossian, fils de Fingal, poésies galliques. *Paris*, an 7, 2 vol. *in*-8. fig. bas.

La Pharsale de Lucain, trad. par Marmontel. *Paris*, 1766, 2 vol. *in*-8. fig. v. m.

N. XXI. 90 *vol. in*-8. *et in*-12, *dont :*

Mémoires du cardinal de Retz. *Genève*, 1777, 4 vol. *in*-12. bas.

Journal d'Henri III et d'Henri IV. *Paris*, 1744, 9 vol. *in*-8. v. éc.

Mémoires de l'Estoile. *Cologne*, 1719, 2 vol. *in*-8. v. m.

L'Esprit de la Ligue, par Anquetil. *Paris*, 1770, 3 vol. *in*-12, v. m.

Mémoires de Sully. *Londres*, 1778, 8 vol. *in*-12, bas.

OEuvres de Brantome. *Londres*, 1779, 15 vol. *in*-12, v. m.

Histoire des Juifs, trad. de Joseph par Arnauld d'Andilly. *Paris*, 1680, 5 vol. *in*-12, v. b.

— de France, par Velly. *Paris*, 1763, 30 vol. *in*-12, v. m.

10.... 16 Abrégé chronologique de l'Histoire de France, par le président Hénault. *Rouen*, 1789, 5 vol. *in*-8. v. éc.

5.... 2. Satire Menippée. *Ratisbonne*, 1726, 3 vol. *in*-8. v. m.

N°. XXII. 14 *vol. in-folio, dont* :

5.... 2.. Recueil d'édits et ordonnances, par Néron. *Paris*, 1720, 2 vol. v. b.

2.... 2. Histoire de la Jurisprudence romaine, par Terrasson. *Paris*, 1750, 1 vol. v. b.

16.... Les lois civiles, par Domat. *Paris*, 1777, 1 vol. bas.

4.... Les OEuvres d'Etienne Pasquier. *Amsterd.* 1723, 2 vol. v. b.

10.... 19 Histoire de Saint-Louis, par Joinville. *Paris*, 1761, 1 vol. dem. rel.

1.... 15. Les Mémoires de Comines. *Paris*, 1649, 1 vol. v. f.

8.... 12. Chroniques d'Enguerran de Monstrelet. *Paris*, 1603, 1 vol. v. b.

2.... 10. Hist. Augustæ scriptores VI, ex recens. Cl. Salmasii. *Parisiis*, 1620, 1 vol. v. b.

41.... 19. Plutarchus, gr. et lat. ex recens. Rualdi. *Parisiis*, 1624, 2 vol. v. f.

38.... Les œuvres de Plutarque, trad. en français par Amyot. *Paris*, 1567, 2 vol. v. jasp.

N°. XXIII. 56 vol. *in*-4. *dont* :

151.... Histoire universelle, par une société de gens

de lettres. *Amsterd.* 1742 , 46 vol. v. m.
Histoire d'Angleterre , trad. de l'anglais de
Hume. *Amst.* 1765 , 7 vol. v. m. et v. ec.. 28 ··· 1
Généalogie hist. des rois, empereurs , etc.
Paris , 1736 , 4 vol. v. b. .... 6 ··· 17.

N°. XXIV. 23 *vol. in-4. dont* :

Corpus juris civilis. *Coloniæ Munatianæ*,
1789, 1 vol. v. m. .... 15 ··· 5
Commentaire sur la loi des douze tables
par Bouchaud. *Paris* , 1803 , 2 vol. cart. 4 ··· 19
La Science des notaires , par de Visme. *Pa-*
ris , 1771 , 2 vol. v. m. .... 2 ··· 15
Dictionnaire de Droit et de Pratique, par Fer-
rière. *Toulouse* , 1787 , 2 vol. bas. ..... 4 ··· 5
Collection de décisions de Jurisprudence, par
Denisart. *Paris* , 1777 , 4 vol. bas. .... 3 ··· 12
La Procédure civile du Châtelet de Paris. *Pa-*
ris , 1787 , 2 vol. bas. .... 2 ··· 13
Le Droit des Gens, par de Vattel. *Amsterd.*
1775 , 1 vol. bas. .... 5 ··· 12
Le Droit de la Nature et des Gens, par Bar-
beyrac. *Basle* , 1771 , 2 vol. bas. ..... 5 ··· 4.

N°. XXV. 25 *vol. in-4. dont* :

OEuvres de Necker. *Londres* , 1785 , 3 tom.
en 2 vol. demi-rel. .... 4 ···
Essais de Montaigne. *Paris , Bastien* , 1783, 25 ··· 19.
3 vol. v. éc.

11 .... 19 Biblia sacra. *Parisiis, Vitré*, 1666, 1 vol.
m. n. l. r.

9 .... 2 C. Suetonius Tranquillus, cum notis vario-
rum. *Traj. ad Rhen.* 1708, 1 vol. v. f.

11 .... 12 L. An. Senecæ tragœdiæ, ex recens. Schro-
deri. *Delphis*, 1728, 1 vol. v. b.

7 .... Quintilien, de l'institution de l'orateur, trad.
par Gedoyn. *Paris*, 1718, 1 vol. v. b.

8 .... 12 Les Césars de l'empereur Julien, trad. du grec
par Spanheim. *Amst.* 1728, 1 vol. fig.
veau f.

3 .... Théorie et pratique du commerce et de la
marine, par de Ustariz. *Paris*, 1753, 1
vol. v. m.

N°. XXVI. 38 *vol. in-8. et in-12, dont :*

24 .... OEuvres de Houdar de la Motte. *Paris*, 1754,
11 vol *in-*12 v. f. Gr. Pap.

6 .... 1 Recherches sur la richesse des nations, de
Smith. *Paris*, 1800, 4 vol. *in-*8. bas.

4 .... 10 OEuvres de Moncrif. *Paris*, 1791, 2 vol. *in-*8.
veau r.

3 .... 8 Histoire du Galvanisme, par Suë. 1802, 2
vol. *in-*8. bas.

Manuel du Galvanisme, par Izarn. *Paris*,
1804, 1 vol. bas.

38 .... Géographie universelle, par Guthrie. *Paris*,
1802, 9 vol. *in-*8. et atlas, v.

7 .... La Vie des Saints pour tous les jours de l'an-
née. *Paris*, 1714, 4 vol. *in-*8. v. b.

La Motte. m. Dela med.

N°. XXVII, 42 *vol. in-12* ; *dont :*

Oraisons funèbres de Fléchier , Bossuet et Mascaron. *Paris*, 1785 , 3 vol. bas. - - -

OEuvres de Nicole. *Paris* , 1733, 22 vol. v. b.

Lucrèce , en lat. et en franç., trad. par Lagrange. *Paris*, an 7 , 2 vol. bas. - - - -

Les Commentaires de César en lat. et en franç. *Paris*, *Barbou* , an 7, 2 vol. bas. - -

Homeri opera , gr. et lat. *Parisiis* , *Brocas*, 1747, 2 vol. v. m. - - - - - - -

Tacite , en latin et en franç. trad. par de la Bleterie. *Paris*, 1788 , 7 vol. bas. - - - -

N°. XXVIII. 86 *vol. in-12* , *dont :*

L'Art des expériences et leçons de physique, par Nollet. *Paris*, 1770 , 9 vol. fig. v. m. - -

Mélanges de littérature , par d'Alembert. *Amst.* 1772 , 5 vol. v. m. - - - - -

OEuvres de Marmontel, savoir : poétique, 2 vol. ; théâtre et mélanges, 3 vol. ; mémoires , 4 vol. v. m. - - - - - - -

Les quatre Poétiques, par Batteux. *Paris*, 1771 , 2 vol. *in-12*, v. r. = Principes de littérature, du même. *Lyon*, 1802 , 6 vol. bas. - - - - - - -

Traité des Etudes, par Rollin. *Paris*, 1787, 4 vol. bas. - - - - - - -

Théâtre de Dancourt. *Paris*, 1742, 8 vol. v. marb. - - - - - - -

Théâtre de Quinault. *Paris ;* 1778, 5 vol.
v. m.

— de Marivaux. *Paris*, 1758, 7 vol. v. m.

OEuvres de Piron. *Troyes*, an 8, 9 vol. bas.

— complètes de M. de Saint-Foix. *Paris*,
1778, 6 vol. bas.

Amours de Theagenes et Chariclée. *Paris*,
Coustellier, 1743, 2 vol. fig. v. m.

Lettres de Guy-Patin. *Rotterdam*, 1725, 5
vol. v. m.

N°. XXIX. 23 *vol. in-fol. et in-8. dont:*

Journal des Audiences du Parlement , par
Duchemin. *Paris*, 1757, 7 vol. *in-fol.* v. m.

— du Palais, par Blondeau. *Paris*, 1755, 2
vol. *in-fol.* v. m.

Platonis opera, ex translat. Marsilii Ficini.
Lugduni, 1548, *in-fol.* v. f.

Schrevelii Lexicon, græc. lat. *Parisiis*, 1767,
in-8. bas.

N°. XXX. 28 *vol. in-4. dont:*

OEuvres de Cochin. *Paris*, 1751, 6 vol. v. m.

— complètes de Pothier. *Paris*, 1781, 8 vol.
in-4. bas.

— de d'Aguesseau. *Paris*, 1759, 13 vol. v. m.

Les Us et Coutumes de la mer. *Rouen*, 1671,
1 vol. v. j.

Virgile. M. Labey, bon marché.

N°. XXXI. 81 *vol. in-8. dont :*

Répertoire universel de Jurisprudence, par
  Guyot. *Paris*, 1775, 64 vol. v. m.
Supplément au Répertoire de Jurisprudence,
  par Guyot. *Paris*, 1786, 17 vol. v. m.
                                   36

N°. XXXII. 51 *vol. in-8. et in-12, dont :*

Quintilianus. *Francof.* 1629, *in-8.* mout. r.   2

Sallustius. *Lugd. Bat.* 1649, *in-8.* v. f.   3

Vanierii prædium rusticum. *Tolosæ*, 1730,
  in-12, fig. v. b.   3

Métamorphoses d'Ovide, trad. par Banier.
  Paris, 1788, 3 vol. *in-12*, fig. bas.   6

Œuvres de Pope. *Amst.* 1767, 8 vol. *in-12*,
  fig. v. éc.   16

Les Comédies de Térence, trad. par Me Dacier. *Hambourg*, 1732, 3 vol. *in-12*, fig.
  v. m.   4

Histoire universelle de Justin, trad. par Paul.
  Paris, *Barbou*, 1788, 2 vol. *in-12*, bas.   4   15

OEuvres de Virgile, en lat. et en fr. trad.
  par Binet. *Paris*, 1804, 4 vol. *in-12*, v. r.   10   4

Ciceronianum Lexicon, græco-latinum. *Ex
  offic. Henr. Stephani*, 1557, *in-8.* v. b.   4   1 2

Terentius. *Parisiis, Leloup*, 1753, 2 vol. *in-
  12*, v. éc.   5   3

Ovidius. *Parisiis*, *Barbou*; 1762, 3 vol. *in-
  12*, v. m.   11

3 — 11 Virgilius. *Parisiis, Didot*, an 6, *in-12*, v. porph. Pap. Vél.

3 — 1 Persii et Juvenalis Satyræ. *Parisiis, Barbou*, 1776, *in-12*, v. m.

2 — 10 Eutropius. *Parisiis, Renouard*, 1796, *in-12*, v. rac. Pap. Vél.

4 — 6 Cornelius Nepos. *Parisiis, Barbou*, 1784, *in-12*, v. m.

5 — 1 Catullus, Tibullus et Propertius. *Parisiis, Barbou*, 1753, *in-12*, v. m.

5 — 14 Plinii epistolæ et panegyricus. *Parisiis, Barbou*, 1769, *in-12*, v. m.

3 — 19 Velleius Paterculus. *Parisiis, Barbou*, 1777, *in-12*, v. m.

37 — 12 Titus Livius. *Parisiis, Barbou*, 1775, 7 vol. *in-12*, v. m.

4 — Imitatio Christi. *Parisiis, Barbou*, 1773, *in-12*, v. m.

8 — 1 Martialis epigrammata. *Parisiis, Barbou*, 1754, 2 vol. *in-12*, v. m.

5 — 1 Lucanus. *Parisiis, Barbou*, 1767, *in-12*, v. m.

5 — 2 Phædrus. *Parisiis, Barbou*, 1754, *in-12*, v. m.

15 — 1 Plautus. *Parisiis, Barbou*, 1759, 3 vol. *in-12*, v. m.

N°. XXXIII. 92 *vol. in-8. et in-12.*, dont :

168 — 10 OEuvres complètes de Buffon, avec la continuation, par M. de Lacépède. *Paris, Imprim. royale*, 1774, 71 vol. *in-12*, fig. v. m.

Aristotelis rhetorica , gr. et lat. *Argentinæ ;*
1570 , *in*-8. v. m.

La Rhétorique d'Aristote , trad. par Cassan-
dre. *Amst.* 1733 , *in*-12 , bas.

La Rhétorique de Cicéron , en lat. et en fr.
Lyon , 1692 , *in*-12 , bas. = Lettres de Cicéron à Brutus, en lat. et en fr. *Paris* ,
l'an 3 , *in*-12 , bas.

Lettres de Cicéron à Atticus, en lat. et en fr.
trad. par Mongault. *Paris* , 1787, 4 vol.
in-12 , bas.

Tusculanes de Cicéron, en lat. et en fr. trad.
par Bouhier et d'Olivet. *Paris , Barbou,*
l'an 3 , 2 vol. bas.

Entretiens de Ciceron , trad. par d'Olivet.
Paris , Barbou, 1793 , 2 vol. bas.

Traduction des Traités de la divination de
Cicéron , de la Vieillesse, des vrais biens
et les vrais maux , et les offices. 4 vol. bas.

L'Orateur de Cicéron, par Colin. *Paris,* 1805.
= Les Lois de Cicéron , trad. par Morabin.
Paris, 1777. = Académiques, du même.
Paris, 1796, 3 vol. *in*-12 , bas.

Oraisons choisies de Cicéron, en lat. et en fr.
Paris , Barbou, 1801 , 4 vol. *in*-12 , bas.

N°. XXXIV. 101 *vol. in*-12 , *dont* :

OEuvres de Thomas , avec ses œuvres pos-
thumes. *Paris,* 1773 , 6 vol. bas.

Bibliothèque des anciens philosophes, par
Dacier. *Paris,* 1771 , 11 vol. v. m.

De la Recherche de la vérité, par Mallebran-
che. *Paris*, 1772, 4 vol. v. m.

Essai sur l'entendement humain, de Locke.
Paris, *an* 7, 4 vol. bas.

Histoire des Inquisitions. *Cologne*, 1769, 2
vol. fig. bas.

Quinte-Curce, trad. par Beauzée. *Paris*,
Barbou, 1800, 2 vol. bas.

Le Paradis perdu, de Milton. *Paris*, 1782,
3 vol. v. m.

Tom-Jones, trad. par Delaplace. *Paris*, 1767,
4 vol. v. m.

Histoire de Grandisson, trad. de l'angl. *Amst.*,
1777, 4 vol. bas.

Pamela, trad. de l'angl. de Richardson. *Paris*,
1768, 4 vol. bas.

Clarisse-Harlowe, trad. par Letourneur. *Genève*, 1788, 12 vol. bas.

Les mille et une Nuits. *Paris*, 1786, 6 vol.
bas.

Histoire de Don Quichotte, trad. de l'espag.
de Cervantes. *Paris*, 1777, 4 vol. bas.

Roland Furieux et Roland l'Amoureux, trad.
par Tressan. *Paris*, 1780, 5 vol. v. m. =
Traduction d'Amadis, par le même. *Paris*, 1779, 2 vol. demi-rel.

OEuvres de Rabelais. *Amst.* 1725, 5 vol. v. m.

Les Ecrivains de l'Histoire auguste, trad. par
de Moulines. *Paris*, 1806, 3 vol. demi-rel.

F I N.

Les Livres seront exposés dans l'ordre qui
suit :

Lundi 20 *février* 1809.

5, 6, 4, 24, 22, 29, 30, 31, 20, 16, 18, 14,
13, 1, ... 1501·· 40

Mardi 21.

15, 3, 17, 19, 21, 32, 11, 10, 7, 2. . . . . 1545 . . . 0.

Mercredi 22.

28, 12, 25, 26, 27, 23, 34. 33, 9, 8. . . . 1541 · 95

4588 75

www.ingramcontent.com/pod-product-compliance
Lightning Source LLC
LaVergne TN
LVHW010231060726
842519LV00014B/1006